DIE REIHE
Archivbilder

Die Benediktinerabtei Maria Laach

Die Benediktinerabtei Maria Laach aus unterschiedlichen Perspektiven. Holzstich, um 1900.

DIE REIHE
Archivbilder

Die Benediktinerabtei Maria Laach

Karl-Heinz Schumacher und Pater Basilius Sandner OSB

SUTTON
VERLAG

Sutton Verlag GmbH
Hochheimer Straße 59
99094 Erfurt
http://www.suttonverlag.de

ISBN: 978-3-89702-982-8

Druck: CEWE Color, Germering

Mönche beim Spaziergang am Laacher See.

Inhaltsverzeichnis

Abbildungs- und Quellennachweis

Die Abbildungen und inhaltlichen Nachweise stammen aus dem Archiv bzw. der Chronik des Benediktinerklosters Maria Laach. Die Abbildung auf S. 46 oben wurde von Heinz Lempertz aus Mendig zur Verfügung gestellt.

Maria Laach zur Zeit der Jesuiten, gemalt von P. Peskalar SJ im Jahre 1864.

Die Geschichte der Abtei Maria Laach

Von der Gründung bis zur Säkularisation

„Im Namen der heiligen und ungeteilten Dreifaltigkeit. Ich, Heinrich, von Gottes Gnaden, Pfalzgraf bei Rhein und Herr von Laach, tun kund: Da ich kinderlos bin, habe ich unter Zustimmung und Mitwirkung meiner Gemahlin Adelheid zum Heil meiner Seele und zur Erlangung des ewigen Lebens auf meinem väterlichen Erbe, nämlich zu Laach, zu Ehren der heiligen Gottesmutter Maria und des heiligen Nikolaus ein Kloster gegründet als Wohnsitz für solche, die die Mönchsregel befolgen."

So beginnt der Text der Stiftungsurkunde. Heinrich von Laach übergab seinem Hauskloster als Grundausstattung: Kruft samt Kirche, Bendorf und Heimbach mit ihren Gemarkungen, Bell, Rieden, Alken und Willenberg. So konnte im Jahre 1093 mit dem Klosterbau begonnen werden. Leider verstarb Pfalzgraf Heinrich schon am 23. Oktober 1095. Seine Frau, Pfalzgräfin Adelheid, führte das begonnene Werk jedoch bis zu ihrem Tod im Jahre 1100 weiter. Nach anfänglichen Erbstreitigkeiten erneuerte dann Pfalzgraf Siegfried von Ballenstedt, der Sohn Adelheids aus erster Ehe, 1112 die Stiftung seines Stiefvaters und übertrug das Kloster der Cluniazenserabtei Affligem in Brabant zur Besiedlung. Von dort kamen 40 Mönche, unter ihnen der erste Prior und spätere Abt Gilbert (1127-1152).

Abt Fulbert (1152-1177) setzte den Kirchen- und Klosterbau fort und am 24. August 1156 konnte Erzbischof Hillin von Trier die Kirche einweihen.

Zwei weitere Äbte ragen aus der Reihe der ersten Klostervorsteher als bedeutende Persönlichkeiten heraus: Abt Albert (1199-1217), der die Kirche durch den Bau des Paradieses und den eleganten Abschluss des Westwerkes mit der Zwerggalerie vollendete, und Abt Theoderich (1256-1295), der die Gebeine des Pfalzgrafen Heinrich von Laach, die bisher im Kreuzgang bestattet waren, in die Kirche übertragen ließ.

Eine neue Blüte in der Abteigeschichte gab es am Ende des Mittelalters. 1474 schloss sich die Abtei der Bursfelder Kongregation an. Aus Groß St. Martin in Köln kamen acht Reformmönche nach Maria Laach und ihr erster Abt wurde Johann IV. Fart (1470-1491) aus der Abtei St. Maria ad Martyres in Trier. Diese Reformbewegung bewirkte in Laach sehr schnell einen personellen und wissenschaftlichen Aufschwung. Unter Abt Simon von der Leyen (1491-1512) trat Johannes Butzbach aus Miltenberg in die Abtei ein, ein bedeutender Vertreter des rheinischen Klosterhumanismus. Mit den Äbten Petrus Maech aus Remagen (1529-1553) und Johannes Ahr von Kettig (1597-1613) stellte Laach gleich zweimal den Präsidenten der Bursfelder Kongregation.

Von der Säkularisation bis zur Wiederbesiedlung

Die Säkularisation kam für die Laacher Mönche nicht überraschend. Bereits 1794 wurde das linksrheinische Gebiet von den Franzosen besetzt und an Frankreich angegliedert. Immer häufiger wurden nun Ernten und Vieh von der Armee beschlagnahmt und wiederholt wurde der gesamte Klosterbesitz registriert. Alle Proteste des Abtes Josef Meurer (1766-1801) waren umsonst. Das längst befürchtete Ende für unser Kloster kam dann am 6. August 1802. Nach den Protokollen lebten damals siebzehn Mönche in Maria Laach, fünf waren auswärts in der Pfarrei Kruft oder in der Propstei Ebernach bei Cochem tätig. Die Mönche mussten noch am gleichen Tag das Kloster verlassen. Während die Klostergüter in der Pellenz und an der Mosel sehr schnell Käufer fanden, gab es für die Abtei selbst keine Interessenten. Als 1815 die preußische Regierung die französische Herrschaft ablöste, wurde das leer stehende Kloster preußischer Staatsbesitz. Erst 1820 erwarb dann der Regierungspräsident von Trier, Daniel Heinrich Delius, die Klostergebäude, den See und die wenigen Ländereien, um hier ein Rittergut einzurichten. Da er nicht bereit war, das Kirchengebäude zu übernehmen, blieb dieses zusammen mit dem Wald weiterhin Staatseigentum. Bis zum Jahr 1862 blieb die ehemalige Abtei im Besitz der Familie Delius. In diese Zeit fielen zwei folgenschwere Ereignisse. Um Ackerland zu gewinnen, senkte man den See ab und verursachte so große Schäden am romanischen Kirchenbau. Noch verhängnisvoller war dann der Brand in der Nacht vom 28. zum 29. Januar 1855, der die Hauptfassade des Klosters, gleich neben der Kirche, bis auf die Grundmauern zerstörte.

1863 erwarben die Jesuiten Maria Laach und errichteten hier ihr zentrales Studienkolleg für den deutschsprachigen Raum. Vierzig Patres, meist Professoren, 120 Scholastiker und 25 Brüder zogen nun wieder in die säkularisierte Abtei ein. Leider dauerte dieser hoffnungsvolle Neubeginn nur zehn Jahre. Während des Kulturkampfes mussten die Professoren und Studenten Deutschland verlassen und gingen nach Valkenburg in Holland. Die Brüder bewirtschafteten weiterhin das Klostergut, in der Hoffnung auf eine baldige Rückkehr der Verbannten. Diese Erwartungen erfüllten sich leider nicht, und so boten die Jesuiten im Sommer 1892 Maria Laach den Beuroner Benediktinermönchen zur Wiederbesiedlung an. Am 25. November dieses Jahres, am Fest der heiligen Katharina, wurde nach neunzigjähriger Unterbrechung das benediktinische Klosterleben wieder fortgesetzt.

Von der Wiederbesiedlung bis zur Gegenwart

Bereits im nächsten Jahr 1893 wurde Maria Laach wieder zur Abtei erhoben. Erster Abt wurde der bisherige Prior Willibrord Benzler (1893-1901). Er legte das geistige und wirtschaftliche Fundament für die weitere segensreiche Entwicklung, bis er auf Vorschlag des deutschen Kaisers Wilhelm II. 1901 zum Bischof von Metz ernannt wurde. Sein Nachfolger Abt Fidelis von Stotzingen (1901-1913) kam wieder aus der Erzabtei Beuron. 1913 wurde er als Abtprimas nach Rom berufen, wo er bis 1947 blieb. Seine Amtszeit in Maria Laach war vor allem durch notwendige bauliche Maßnahmen gekennzeichnet. So gestaltete P. Ludger Rincklake in dieser Zeit den neuromanischen Kreuzgang und das Refektorium im neugotischen Stil. Als sein Nachfolger wurde der bekannte Abt Ildefons Herwegen (1913-1946) gewählt. Unter ihm wurde Maria Laach zum Zentrum der liturgischen Bewegung in Deutschland. Der Konvent erreichte mit 182 Mönchen im Jahre 1934 die größte Mitgliederzahl. Abt Basilius Ebel (1946-1966) stellten sich in der Nachkriegszeit schwierige Aufgaben. Das Kloster, das im Zweiten Weltkrieg als Lazarett genutzt worden war, musste saniert, die Kirche zum 800. Weihejubiläum 1956 renoviert werden. Dazu kam 1952 der Bau des Jugendhauses St. Winfried. Auch brachte die nachkonziliare Zeit viel Unruhe in die Abtei, und so war es vor allem die Aufgabe seines Nachfolgers, Abt Urbanus Bomm (1966-1977), das Leben der klösterlichen Gemeinschaft in ruhigere Bahnen zu leiten. Seine Nachfolger waren von 1977 bis 1990 Abt Adalbert Kurzeja, anschließend bis zum Jahre 2002 Abt Anno Schoenen. Zurzeit wird das Kloster Maria Laach vom 49. Abt Benedikt Müntnich geleitet.

P. Basilius Sandner

Zur Baugeschichte der Abtei Maria Laach

Die Benediktinerabtei Maria Laach gehört zu den letzten großen mittelalterlichen Gründungen benediktinischen Mönchtums im Rheinland. Die idyllische Lage am Ufer des von bewaldeten Vulkanen umgebenen Sees und die eindrucksvolle sechstürmige Baugruppe machen die Abteikirche zum Inbegriff salisch-staufischer Romanik in Deutschland.

Der Bauplan des Klosters folgt den Bestimmungen, die Benedikt von Aniane auf der Synode von Aachen 816/817 festlegte. Die nach Osten ausgerichtete, dreischiffige, doppelchörige Basilika besitzt ein fünfjochiges Langhaus mit gleicher Jochfolge im Mittel- und in den Seitenschiffen. Auf das östliche Querschiff mit großen Nebenapsiden folgt das Chorgeviert mit Halbkreisapsis und Krypta. Quadratische Flankentürme sind zwischen Nebenapsiden und dem oktogonalen, unbelichteten Vierungsturm eingestellt. Das dreitürmige Westwerk schließt mit einem Querriegel ab, der im Innern eine Empore aufnimmt. Zwischen seiner Apsis und den runden Treppentürmen leiten zwei Westportale zu einem quadratischen Atrium, dem „Paradies", über. Der Westbau wird bekrönt durch einen rechteckigen Mittelturm, der sich über eine dreiseitige Zwerggalerie zu einem quadratischen Turm mit Giebeln unter dem Rautendach verjüngt. Während die Ostturmgruppe den Speyerer Dom und das Westwerk den wenig älteren Mainzer Domostbau zitiert, folgt die Gestaltung vieler Baudetails ab der Mitte des 12. Jahrhunderts niederrheinischen Vorbildern.

Pfalzgraf Heinrich II. gründete das Kloster 1093 als Ort seiner Grablege. Die Bauarbeiten begannen der Überlieferung nach an allen Fundamenten. Bei seinem Tod 1095 waren neben der Krypta aber nur die Umfassungsmauern – ohne das Langhaus – bis zu einer Höhe von bis zu 3,5 Metern fertig gestellt. Seine Gattin Adelheid von Orlamünde führte die Bauarbeiten fort. Ihr sind das Ostquerhaus bis zu einer Höhe von 10 Metern ohne Wölbung und der Vierungsturm zu verdanken. Nach ihrem Tod im Jahre 1100 geriet der Bau ins Stocken und man wandte sich den Langhausmauern zu. Heinrichs Stiefsohn Siegfried von Ballenstedt († 1113) erneuerte die elterliche Stiftung erst 1112. Da er seinen Herrschaftsschwerpunkt nach Mitteldeutschland verlagerte, gab er die Burg am Ostufer des Sees auf. Unter dem ersten Abt Gilbert (1127-1152) kam es zur Wölbung der Krypta, der Vollendung des Querschiffs mit Vierungsturm und Langhaus (Flachdecke) sowie ersten Arbeiten am Westchor. Der zweite Abt Fulbert (1152-1177) ließ die Arbeiten an Westwerk, Westempore und Ostchor fortführen. Um die Kirchenfundamente vor Grundwasseranstiegen zu sichern, wurde um 1164 ein 880 Meter langer und im Querschnitt ca. 1,5 x 3,5 Meter messender Entwässerungsstollen, der so genannte Fulbertstollen, durch die südliche Umwallung des Seetals gegraben und der Seespiegel so abgesenkt. 1169 waren die Dachstühle über dem Westbau fertig gestellt. Eine Stiftung der Gräfin Hedwig von Are ermöglichte die Ausführung einer Blendarkatur vor der bestehenden Außenwand der Ostapsis und die Erhöhung der Flankentürme um zwei Geschosse. Vor 1185 schlug man nach der Aufmauerung der Langhausmauern einen neuen Dachstuhl über dem Mittelschiff auf, unter dem Kreuzgratgewölbe ausgeführt wurden.

Abt Albert (1199-1217) beendete die Arbeiten am Westwerk mit dem Bau des Paradieses. Seine herausragende Bauzier – u.a. seitlich des Eingangsportals die Haarraufer und ein Teufelchen, das die „PECCATA POPULI" aufzeichnet – stammt aus der Hand des Samsonmeisters, dessen Notnamen auf ein im Kreuzgang gefundenes Skulpturenfragment zurückgeht. In die

Chorseitenwände wurden unter Abt Theoderich II. von Lehmen (1256-1295) frühgotische Fenster gebrochen und der Vierungsturm erhöht. 1256 ließ er das Stiftergrabmal aus dem Kreuzgang, wo es vor dem Eingang zum Kapitelsaal lag, in das Mittelschiff verlegen sowie Liegefigur und Tumba schaffen. Aus der Zeit des Abtes Simon von der Leyen (1491-1512) stammen die Fresken auf den Mittelschiffpfeilern mit den Darstellungen des Hl. Benedikt, Christophorus und Nikolaus. Das Paradies erhielt ein – erst im 19. Jahrhundert wieder entferntes – zweites Obergeschoss. Abt Placidus von Kessenich (1662-1698) ließ die Kirche barockisieren, 1695 Baldachin und Hochgrab im Westchor aufstellen. Nach einer Versteigerung 1820 wurde der Trierer Regierungspräsident Delius Eigentümer der 1802 säkularisierten und ausgeplünderten Klostergebäude. Ab 1815 führte der preußische Staat Sanierungsmaßnahmen an der Kirche durch. Delius ließ 1842 bis 1845 einen neuen Entwässerungsstollen von 1.060 Meter Länge anlegen und den Seespiegel um weitere fünf Meter absenken, was zu erheblichen statisch-konstruktiven Schäden an den Klostergebäuden führte. Nach dem Brand der Prälatur im Winter 1855 verkauften die Erben 1863 das Kloster an den Jesuitenorden, der Laach 1872 im Kulturkampf verlassen musste und 1892 die Neubesiedlung mit 33 Mönchen aus Beuron ermöglichte. Von der historistischen Innenausstattung blieben nur die drei Apsidenmosaike (1911-1919) erhalten. Von 1936 bis 1938 wurde die bei der Einwölbung vorgenommene Aufmauerung des Langhauses und der gotische Helm (1355) über dem Ostturm rückgebaut.

Die Kirche ist durch die Baumaterialien eng mit der umgebenden Landschaft verbunden: Neben dem rötlichen Laacher Tuff – für das Querhaus, den Vierungsturm mit den Flankentürmen und die Hochschiffwände des Langhauses – kamen brauner Tuff (so genannter Römertuff) aus Kruft – u.a. am Giebel des nördlichen Querhauses – und Tuffe aus Weibern – am Westbau – zum Einsatz. Architekturgliederungen bestehen meist aus Niedermendiger Basaltlava. Nur in der ersten Bauphase verwendete man für Lisenen roten Buntsandstein aus dem Kylltal. Die Sockel des Ost- und Westbaus zeigen die harte Augitlava des Veitskopfes und an den Seitenschiffen Schlacken vom Laacher Kopf. Lothringische Kalksteine findet man an den inneren Pfeilern des Westchores, des Presbyteriums und an Säulen bzw. Gurten der Krypta. Die vorderen Säulen am Altarbaldachin bestehen aus Kanalsinter der römischen Wasserleitung nach Köln. Die Säulen des Paradieses sind aus Schiefer und Unterkarbon-Kohlenkalk gearbeitet, der zwischen Aachen und Namur vorkommt. Grünliche Lava vom Perler Kopf findet sich an den Abaci der lothringischen Kalkstein-Kapitelle.

Das Innere beherbergt zwei herausragende Denkmäler: Über sechseckigem Grundriss entstand um 1230/50 der spätromanische Baldachin, der seit 1947 als Ziborium über dem Hochaltar steht. Unter der Empore im Westchor hat die Liegefigur (1270) des hochgotischen Stiftergrabmals auf den Resten eines mittelalterlichen Terracotta-Fußbodens ihren Platz. Sie ist aus Nussbaumholz mit Ergänzungen aus Eichenholz gefertigt und liegt auf einer gotischen, zweimal farblich überarbeiteten Steintumba (vor 1300). Gekleidet mit Pelzhut und Tasselmantel über gegürtetem Leibrock, hält der Pfalzgraf in der rechten Hand das Modell der Klosterkirche.

Nach dem Brand von 1855 wurde die Klosteranlage verändert wieder aufgebaut. Auch von der 1220/30 erbauten Nikolauskapelle blieb nur der spätstaufische, zweigeschossige Westturm aus Tuffsteinen über Basaltlavasockel und mit Rautendach erhalten. Das dreiachsige Langhaus mit eingezogener Apsis stammt von 1757. Nach Befund erneuerte man 1964 seine Außenbemalung.

Karl-Heinz Schumacher

1

Frühe Ansichten

Diese Federzeichnung von Renier Roidkin stammt aus dem Jahre 1725. Im Vordergrund sieht man die Klausurmauer mit dem Pfortenhaus. Es ist deutlich zu erkennen, dass das Paradies früher einmal aufgestockt war und sich über dem Eingang ein Erker befand. Auf dem Vorplatz der Kirche stand ein Brunnenhaus.

Ein Stahlstich von H. Winkles aus dem Jahre 1840.

Der Meister dieses Stichs ist uns leider nicht bekannt.

Dieser Stahlstich von I. Riegel entstand 1855.

Auf dem Stahlstich von L. Lange sieht man neben der Kirche noch die Hauptfassade des Klosters, die durch den Brand im Januar 1855 völlig zerstört wurde.

Die Familie Delius vor ihrem neuen Heim. Der Regierungspräsident von Trier, Daniel Heinrich Delius, erwarb die säkularisierten Abteigebäude und den See 1820 vom preußischen Staat. Die Kirche und der Wald verblieben weiterhin in Staatsbesitz.

Diese Postkarte erschien im Kriegsjahr 1917 anlässlich des 25. Jubiläums der Wiederbesiedlung der Abtei durch Beuroner Benediktiner. Unten sind die drei bis dahin amtierenden Äbte abgebildet: in der Mitte Abt Willibrord Benzler (1893-1901), später Bischof von Metz, links Abt Fidelis von Stotzingen (1901-1913), später Abtprimas in Rom, und rechts Abt Ildefons Herwegen (1913-1946), seit 1913 Abt von Maria Laach. Oben sieht man das Wappen der Abtei: drei Türme und ein halber Adler mit dem Wappenspruch „Pax in virtute".

2

Landschaft

„Ein schmaler Pfad führte mich zu einem mit Holz bewachsenen Bergabhang, der sich in einer natürlichen, mit Buchen und Eichen bepflanzten, schattigen Allee, eigentlich ein Fahrweg zum Laach, dahin zog. Erquickend war der Gang für mich, weil der Tag sehr heiß und ich durch die Hitze der Sonne nur allzu sehr ermattet war. Unvermutet öffnete sich auf einmal die Aussicht und ich hatte den vollen See in Form eines runden Bassins mit bunt bewachsenen Wiesen und einem Gebirgskessel umschlossen vor mir. Auf der entgegen gesetzten Seite lag das Kloster. Eine feierliche Stille, nur vom Gesang der Nachtigallen und dem Gezwitscher tausend unnennbarer Vögel unterbrochen, machte mir diese Einöde zum Tempel. Schön ist's hier, Allvater – so stammelte meine Zunge.“ (Josef Gregor Lang, Reise auf dem Rhein, 1790)

Pfalzgraf Heinrich II. von Laach, der seine Burg auf der Ostseite des Sees hatte, ließ das Kloster auf der gegenüberliegenden Seeseite am Beller Bach erbauen, denn die wichtigste Voraussetzung für eine Klosteranlage war damals fließendes Wasser.

Der Laacher See entstand vor ca. 13.000 Jahren in der größten nacheiszeitlichen Vulkankatastrophe Mitteleuropas. Mit ihr fand der Vulkanismus in der Eifel einen vorläufigen Abschluss. Innerhalb weniger Tage wurden etwa 22 bis 25 Kubikkilometer Bims und Asche eruptiert. Sie lagerten sich im Mittelrheinbecken in mächtigen Schichten ab. Nach den Seespiegelabsenkungen von 1064 und 1844 hat der See heute einen Umfang von 7,5 Kilometer. Er ist 331 Hektar groß und 51 Meter tief.

Der vulkanische Ursprung des Sees ist bis heute an einigen Stellen des Seekessels erlebbar. Kohlendioxydgas aus der Magmakammer perlt am Ostufer im Bereich des Lorenzfelsens in einem einige hundert Meter langen Streifen aus. Bei ruhigem Wasserspiegel sind die Gasblasen gut zu sehen und zu hören. Ist der See im Winter vereist, bleiben über den Gasaustritten in der Eisdecke runde Löcher frei.

1912 wurde der Laacher See als Landschaftsschutzgebiet ausgewiesen. 1926 erhielt er den Status eines Naturschutzgebietes. 1940 erweiterte man das Schutzgebiet auf 1.742 Hektar und bezog die meisten Randhöhen des Seekessels in den Schutz ein. 1981 dehnte man das Schutzgebiet auf nun 2.100 Hektar aus. Damit ist der Laacher Seekessel das größte Naturschutzgebiet in Rheinland-Pfalz.

Der Abflussgraben des Sees. Abt Fulbert (1152-1177) ließ bereits einen unterirdischen Abflusskanal bauen, um den Seespiegel zu regulieren, den nach ihm benannten Fulbertstollen. 1844 wurde unter dem damaligen Besitzer Regierungspräsident Delius fünf Meter unter dem Fulbertstollen ein neuer Abzugskanal gebaut, um die Uferzone trockenzulegen und Ackerland zu gewinnen. Dieser Kanal ist heute noch in Betrieb.

So schön der Winter ist – wie diese Aufnahme an der Klausurmauer zeigt – wenn er zu lange dauert, kann er auch zur Last werden. Davon berichtet die Jahrschronik 1929.

„Der weite See war wochenlang von einer fast 60 cm dicken Eisschicht überdeckt, und dieses seltene Schauspiel lockte zahlreiche Besucher aus Nah und Fern herbei, die einmal den See zu Fuß überqueren wollten. Am Sonntag, den 18. Februar wurden gegen 5000 Menschen auf dem See gezählt. Wagemutige setzen ihren Stolz darein, auf Motorrädern oder im Auto über die spiegelglatte Bahn dahinzueilen." (Jahreschronik 1929)

„Ein eigenartiges Schauspiel war es auch, unsere schweren Ackerpferde auf dem See zu sehen. Denn unsere Ökonomie benutzte eine Woche lang die bequeme Eisstraße, um Baumstämme an das jenseitige Ufer zu bringen. Aber so herrlich die Winterlandschaft war, wir begrüßten es doch alle, als dann endlich Mitte März das Tauwetter eintrat." (Jahreschronik 1929)

„Der Jubel des Osterfestes verband sich in diesem Jahr mit der Freude über die endliche Ankunft des Frühlings. Hatte uns doch hier in der Eifel ein harter Winter allzu lange seine rauhen Fesseln angelegt. Vom 9. Dezember bis zum 10. März war unsere Landschaft ununterbrochen in Schnee gehüllt. Längere Zeit hindurch herrschte eine strenge Kälte, und das Thermometer sank unter 25° unter Null." (Jahreschronik 1929)

Die dicke Eisdecke nützte man auch, um die Pflöcke für die geplante Badeanstalt in den Seeboden zu rammen.

Das vollendete Werk. Die Badeanstalt stand nicht nur den Mönchen offen, sondern auch den Gästen der Abtei.

Zum Juli 1931 hieß es in Jahreschronik: „In diesem Sommer war zum ersten Mal ein Wasserflugzeug gekommen, das den See als Startplatz benutzte und zwei Wochen lang Fahrten über die Landschaft zwischen See und Rhein veranstaltete und bei dieser Gelegenheit mehrere Patres in das Reich der Lüfte entführte."

Am Südufer ragt eine kleine Halbinsel in den See, die so genannte Marieninsel.

Der Name der Marieninsel geht auf die Jesuiten zurück, die dort eine Marienstatue aufstellten.

Bruder Tutilo Haas ersetzte diese alte beschädigte Madonnenfigur 1956 durch eine neue. Dabei kam der begabte Künstler im Alter von 51 Jahren leider ums Leben. Am Nachmittag des Rosenmontags sollte die neue Figur über das Eis zur Marieninsel gebracht werden. Am Vormittag kontrollierte Haas noch einmal das Fundament, brach auf dem Heimweg ins Eis ein und ertrank.

Am 3. Mai 1952 wurde das Erntekreuz eingeweiht. Geschaffen hatte es der damalige Leiter unserer Bildhauerwerkstatt, Alfons Biermann.

Ein Blick von der Laacher Landstraße über die Klausurmauer auf den Ostchor der Kirche.

Bis 1972 gab es in Maria Laach auch eine Tankstelle. Dieses Foto stammt aus den 1950er-Jahren, als viele Besucher schon mit dem eigenen Pkw anreisten.

Der Campingplatz entstand 1954. Die bisherigen drei kleinen Zeltplätze im Seetal wurden an das Nordufer verlegt und der Kontrolle eines Platzwartes unterstellt.

Der Laacher See bot und bietet eine Vielzahl von Erholungsmöglichkeiten. Auch Angler kommen auf ihre Kosten.

Für die Laacher Professoren und Studenten errichteten die Jesuiten am Ostufer des Sees ein Erholungsheim. Dorthin fuhren sie bei schönem Wetter jeden Donnerstag und dort verbrachten sie auch ihre Ferien. Leider wurde das Gebäude nur zwei Jahre lang benutzt, denn schon 1872 mussten die Jesuiten im Kulturkampf Deutschland verlassen und wichen nach Holland aus. Die Villa verfiel mehr und mehr, bis die letzten Mauerreste 1921 endgültig abgebrochen wurden.

Diese Aufnahme entstand während eines Ausflugs zur Marieninsel.

3

Kirche

„Nimm hinzu die Pracht und Herrlichkeit des Klostergebäudes, das man nie genug bewundern kann. Wer wäre jemals imstande, würdig zu beschreiben jene prächtige Kirche mit ihrem Chor und ihrer doppelten Apsis, mit ihren Pfeilern, Kapellen, Altären und Wölbungen, die einst der Pfalzgraf, der hier im herrlichen Grabmal ruht, erbaut hat? Aus schweren, wohl geglätteten Quadern ist dieses Münster um viel Geld erbaut worden für die Mönche, die sich hier zum Lobe Gottes und seiner heiligen Mutter und zu des heiligen Nikolaus' Ehre angesiedelt haben. (Prior Johannes Butzbach, Wanderbüchlein 1506)

Die Laacher Basilika zeichnet sich durch ihre ausgewogene Gestaltung aus und steht gleichberechtigt neben den großen romanischen Kirchen am Rhein. Die Turmgruppen im Osten und Westen sind durch ein dreischiffiges Langhaus mit Querschiff verbunden. Die östliche Turmgruppe mit oktogonalem Vierungs- und quadratischen Flankentürmen hat ihr Vorbild im Speyerer Dom, die Westturmgruppe mit den runden Flankentürmen im Dom von Worms.

Die Aufnahme zeigt das Westwerk der Kirche mit dem vorgelagerten Paradies. Die durch den verheerenden Brand des Jahres 1855 zerstörte Prälatur ist abgetragen, der neue Bibliotheksbau noch nicht errichtet. Eine Begrenzungsmauer schließt den Zugang zum Kreuzgarten. Das Bild muss daher vor den 1860er-Jahren aufgenommen worden sein, als die Jesuiten ein umfangreiches Bauprogramm in Laach begannen.

Nach dem Brand von 1855 verkaufte die Besitzerfamilie Delius das Kloster 1863 an den Jesuitenorden. Die Jesuiten entwickelten in den zehn Jahren, in denen sie in Laach ansässig waren, eine große Bautätigkeit. Sie errichteten u.a. an der Südseite des Vorplatzes den zweigeschossigen Flügel mit Pforte. 1929/30 wurde er umgebaut und erhielt sein heutiges Aussehen. Das kleine Gebäude im Vordergrund gehört zur Gärtnerei des Klosters.

Zum Schutz des Klausurbereichs führte ein torähnlicher Übergang von der am Hang gelegenen Johanneskapelle zu den Freiflächen, die heute zur Gärtnerei gehören. Die Brücke wurde erst um die Mitte des 20. Jahrhunderts aufgegeben und anschließend niedergelegt.

Diese Aufnahme stammt aus dem frühen 20. Jahrhundert. Die bewegten Bauformen der Kirche sind durch einen ausgeprägten Materialstil gekennzeichnet. Mit den hellen Fassadenflächen aus verschiedenen Tuffen kontrastieren farblich abgesetzte Architekturgliederungen aus schwärzlicher Basaltlava. Bis zum Ende der ersten Hälfte des 20. Jahrhunderts wurden die Flächen auf der Nordseite der Kirche als klösterlicher Gemüse- und Obstgarten genutzt.

Südlich der Kirche liegt der Kreuzgarten inmitten eines auf vier Seiten umbauten Innenhofs. Die nach 1893 entstandene Aufnahme zeigt den durch Aufmauerung mit Vierpassöffnungen erhöhten Vierungsturm und den gotischen Turmhelm (um 1355) sowie das Mauerband (vor 1185) über dem Hauptgesims an Lang- und Querhaus. Auffallend sind die im Barock vergrößerten Seitenschifffenster. An das Querschiff schließt der Ostflügel an. Um die Wende vom 19. zum 20. Jahrhundert erbaute der Architekt Pater Ludger Rincklake hier den neuen Kreuzgang.

Über die großen Dachflächen der südlich des Klosters gelegenen Ökonomiebauten geht der Blick auf die sechs Türme der Klosterkirche.

Das vor 1932 entstandene Luftbild vermittelt einen Eindruck vom imposanten Gesamtkomplex des Klosters. An die Kirche im Norden schließen sich die um den Kreuzgarten gruppierten Kreuzgangflügel an. Vor dem repräsentativen Ostflügel, in dem sich u.a. die Wohnung des Abtes, der Kapitelsaal und die Sakristei befinden, liegt eine gepflegte Parkanlage. Nach Süden schließen sich ein weiterer Innenhof mit Bauten des 17. und 18. Jahrhunderts und – nach hinten versetzt – der 1929/31 erbaute Akademieflügel an.

In den Jahren 1930 bis 1939 gab man der Kirche ihre rein romanische Bauform zurück. Hierfür baute man den um 1355 errichteten gotischen Turmhelm ab. Ob der Turmschaft schon 1185 bei der ersten Dacherneuerung über dem Mittelschiff seine Aufmauerung erhalten hatte oder erst 1355, als der gotische Helm entstand, ist bislang ungeklärt.

Der gotische Turmhelm über dem Vierungsturm ist bereits abgebaut, der Mittelturm des Westwerks für Sanierungsarbeiten eingerüstet. Bauarbeiter sind mit Ausbesserungsarbeiten am Tuffmauerwerk des Glockengeschosses über der Zwerggalerie beschäftigt.

1932 schlugen Zimmerleute nach dem Abbau des als stilwidrig empfundenen steilen gotischen Turmhelms einen an romanischen Vorbildern orientierten und flacher geneigten neuen Dachstuhl auf. Dieser erhält eine Eindeckung aus Schiefer.

Das Bild zeigt die Kirche von Norden. Deutlich zu erkennen ist der 1936 tiefer gelegte neue Dachstuhl mit provisorischer Eindeckung aus Dachpappe über dem östlichen Teil des Mittelschiffs. Im westlichen Drittel ist noch der originale, auf einer 40 bis 58 Zentimeter hohen Aufmauerung über dem Hauptgesims der Mittelschiffhochwand gelegene, romanische Dachstuhl von 1185 zu erkennen.

Zimmerleute waren 1936 unter Mithilfe von Mönchen mit dem Aufschlagen neuer Sparren beschäftigt. Dabei kamen die durch ihr dunkles Holz gut zu erkennenden romanischen Bundbalken des Dachstuhls von 1185 erneut zur Verwendung. Bei dieser Baumaßnahme entfernte man auch die Aufmauerung auf dem Hauptgesims der Mittelschiffwand und setzte dadurch die gesamte Dachkonstruktion etwa einen halben Meter tiefer, wie Bauspuren am Turmschaft des Vierungsturms bis heute belegen.

Im September 1933 schlugen Zimmerleute über der Ostapsis einen neuen Dachstuhl auf. Die Außenfassade der Apsis mit ihren markanten Blendarkaden aus Basaltlava ist aus großformatigen Tuffquadern gemauert und noch unverputzt. Der während dieser Sanierungsmaßnahme aufgetragene Verputz wurde vermutlich wegen der starken Steinschäden als erforderlich angesehen. Ein Musterputz zeichnet sich als heller Streifen deutlich ab.

Aus den umliegenden Orten mit ihren Steinbrüchen und Werkstätten kamen immer wieder Bauhandwerker zur Klosterkirche. Die Aufnahme von 1933 zeigt, von links, Joseph Kröll aus Eich, Carl Reudelsterz aus Obermendig und Jakob Dreis aus Niedermendig mit ihren Werkstücken vor der Ostapsis. Die Apsiswandflächen zwischen den Blendarkaden sind bereits verputzt.

Das nördliche Querschiff ist mit einem hölzernen Stangengerüst eingerüstet, der Dachstuhl über dem Querbau bereits abgebaut. Bevor der neue Dachstuhl aufgesetzt werden kann, müssen notwendige Ausbesserungen an den Mauerkronen der Fassaden abgeschlossen sein.

Vor dem Westwerk liegt das so genannte Paradies, das vor 1220 unter Abt Albert (1199-1216) fertig gestellt worden sein soll. Das atriumförmige Bauteil leitet die Besucher durch ein Mittelportal um einen Innenhof zu den beiden Westportalen der Kirche. Im Innenhof steht der von Bruder Radbod Commandeur 1936 geschaffene Löwenbrunnen, der dem Brunnen in der Alhambra von Granada nachempfunden ist.

Diese nur bruchstückhaft erhaltene Skulptur stellt den Kampf Samsons mit dem Löwen dar. Sie steht vielleicht mit dem abgebrochenen Lettner der Kirche in Verbindung und stammt aus der Hand eines unbekannten Künstlers, der nach dieser Darstellung den Notnamen „Samsonmeister“ erhielt. Seine um 1200 tätige Werkstatt soll auch Kapitelle am Paradies und weitere Arbeiten in Andernach, am Bonner Münster, an Kirchen in Köln und in Brauweiler gearbeitet haben.

Die Kapitellzone des Paradieses zeigt erlesene Bildhauerarbeiten. Zu ihnen gehören u.a. diese Blattmasken des Mittelportals, die aus einem feinkörnigen Kalkstein gehauen sind und ihre große Plastizität durch Überschneidungen und Durchbrechungen des geschwungenen Blattwerks erzielen. Am Paradies sind die Originale aus konservatorischen Gründen durch Abgüsse ersetzt.

Das äußere Eckkapitell des linken Kämpfers am Hauptportal wird von den „Haarraufern" gebildet. Zwei Drachen mit Vogelleibern und menschlichen Oberkörpern ringen in wilder Aktion miteinander. Ihre eng aneinander liegenden Köpfe betonen die Kante des Kapitells.

Unmittelbar neben den Haarraufern hockt ein bocksfüßiges, behaartes Teufelchen in einer Blattranke und notiert auf einem Schriftband – für den Betrachter lesbar – die Sünden der die Kirche betretenden Personen: PECCATA POPULI.

Am linken Gewände des südlichen Kirchenportals ist angeblich die Austreibung Evas aus dem Paradies dargestellt.

Im Jahre 1936 musste die Krypta trocken gelegt werden und dabei wurde auch das Grab des ersten Abtes von Laach, Gilbert (1138-1152), geöffnet. Bestattet war er in einem Tuffsarg und als Abdeckung diente eine mit geometrischen Ornamenten verzierte rote Sandsteinplatte aus fränkischer Zeit, die heute im nördlichen Flügel des Paradieses aufgestellt ist.

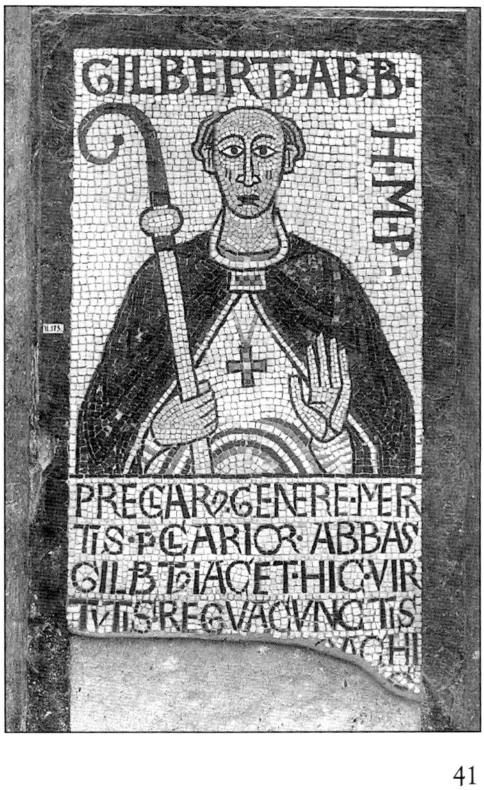

Das Grab schmückte ein Mosaik, das 1820 nach Bonn überführt wurde. Heute befindet es sich im dortigen Rheinischen Landesmuseum. Auf weißem Grund sieht man die Figur des Abtes und folgende Inschrift: „Adel des Stammes, doch höherer Adel der Sitten, verklärte den, der hier liegt, Abt Gilbert, den Lehrer der Tugend für alle, ob sie den Titel des Abtes geführt oder Mönche geheißen. Sonnenpalast war der Löwe, der sechste Monatstag war es, da aus dem Leben er schied. Er ruhe in seligem Frieden.“ Er starb also am 6. August 1152.

Schon von 1921 an wurde der Gottesdienst in Maria Laach zum Volk hin gefeiert. Es heißt in den Laacher Annalen: „Beinahe 30 Jahre lang hatte die Krypta unserer Abteikirche unbenutzt und verwahrlost dagestanden. Im Sommer des Jahres 1921 wurde sie endlich wieder für den Gottesdienst hergerichtet. Der Altar ist ein einfacher Tisch, an ihm kann man in der Weise zelebrieren, wie es in St. Peter und in den alten Basiliken geschieht, indem der Priester dem Volk das Gesicht zuwendet."

Abt Theoderich von Lehmen (1256-1295) ließ in der Mitte der Kirche ein Hochgrab für Pfalzgraf Heinrich II. errichten. Die Grabfigur ist aus Nussbaum und die ursprüngliche Fassung größtenteils erhalten. Gekleidet ist er entsprechend der neuesten Mode der damaligen Zeit mit einem langen Gewand mit einer tiefen roten Reiterfalte und einem Mantel. Die Hand steckt im „Snürlin", ähnlich wie beim Bamberger Reiter oder der Uta von Naumburg. Sein Haupt mit dem Fürstenhut ruht auf zwei Kissen.

Die Stifterfigur zeigt den verstorbenen Pfalzgraf vor dem Richterstuhl Gottes. Er hat weit geöffnete Augen und steht auf einem Löwen und Drachen, d.h. er hat das Böse überwunden. In der Rechten hält er das Modell seiner Kirche. Der Almosenbeutel auf der linken Seite soll auf seine Wohltätigkeit hinweisen.

Im Jahre 1695 ließ Abt Placidus Kessenich (1662-1698) das Grabmal zusammen mit dem Baldachin aus der Mitte der Kirche an den heutigen Standort im Westchor der Kirche versetzen.

Bei seinem ersten Besuch am 19. Juni 1897 stiftete Kaiser Wilhelm II. für unsere Kirche einen neuromanischen Hochaltar, den so genannten Kaiseraltar. Entworfen wurde er von Prof. Max Spitta aus Berlin und bis zum Osterfest 1899 konnte er rechtzeitig fertig gestellt werden.

Die Chronik vermeldet im Oktober 1898: „Im Anfange des Monats kamen auch die Steinhauer, welche den Hochaltar bearbeiten sollen. So hört man jetzt auf dem Platz vor der Kirche, wo schon seit Mitte September eine Menge kolossaler Steine [französischer Kalkstein] liegen, eifrigst meißeln.“

Dieser Altar erfuhr im Laufe der Jahre manche Veränderung. So heißt es in der Chronik von 1929: „Die Bronzekuppel, die eine Last von 80 Ztr. darstellte, wurde zur Erleichterung des Kryptagewölbes abgenommen und durch einen der Architektur unserer Kirche mehr entsprechenden Aufbau ersetzt.“

Ursprünglich hatte der Baldachin, der aus der zweiten Hälfte des 13. Jahrhunderts stammt, eine Zwerggalerie mit 36 kleinen Säulen, wie es diese Fotomontage zeigt.

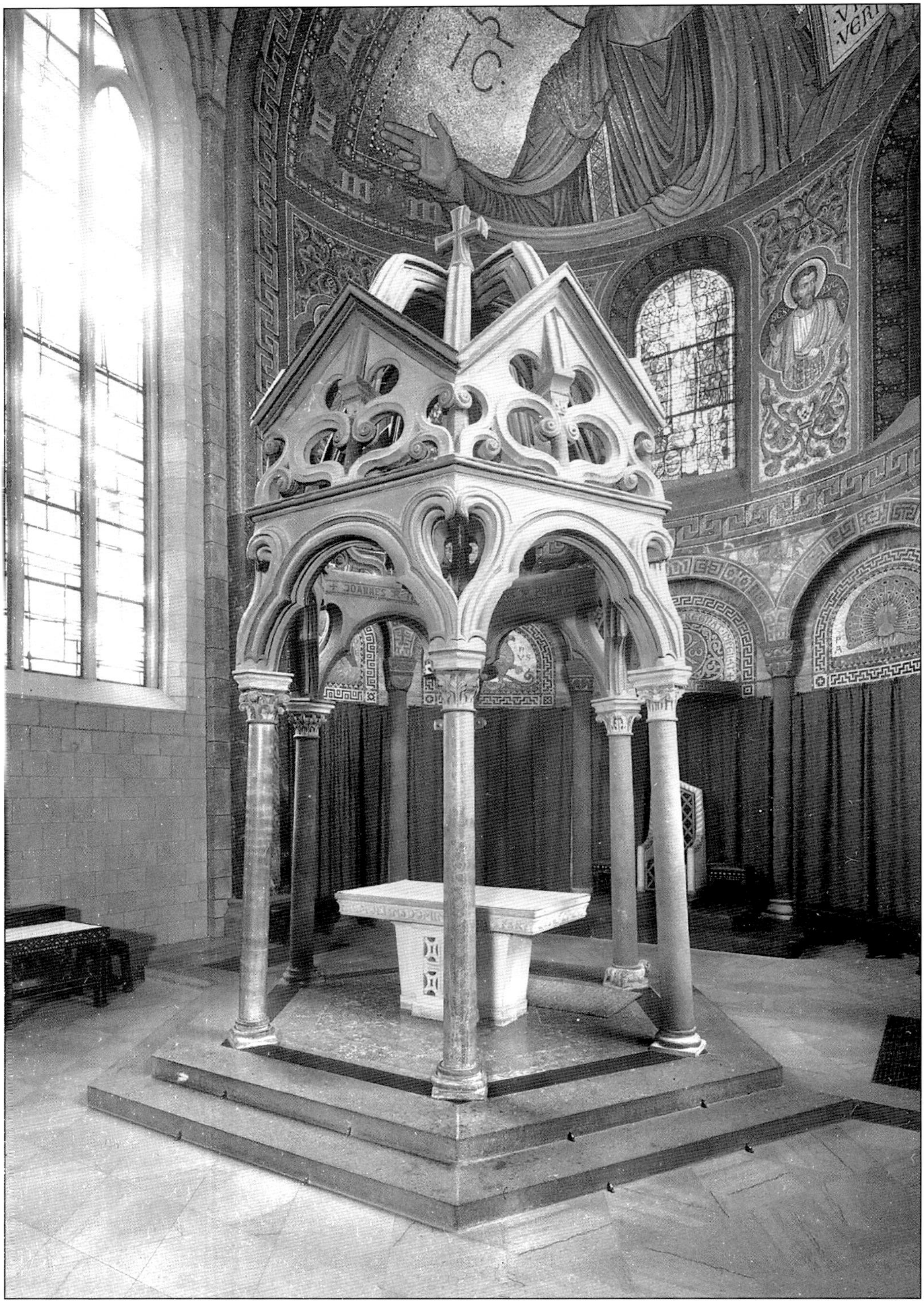

1947 wurde der von Wilhelm II. gestiftete Altar endgültig abgebrochen. Diese Aufnahme zeigt den heutigen Hochaltar mit dem in den Ostchor versetzten Baldachin.

Bei seinem Besuch in Monreale auf Sizilien war Kaiser Wilhelm II. von dem großen Christusmosaik in der dortigen Kathedrale so begeistert, dass er zusammen mit seiner Begleitung eine solche Darstellung für die Laacher Kirche stiftete. Gezeichnet wurde die Vorlage vom Beuroner Mönch P. Andreas Göser, ausgeführt von der Berliner Mosaikwerkstatt Rixdorf. Bei seinem vierten Besuch in Maria Laach 1911 konnte der Kaiser dann das Werk bewundern.

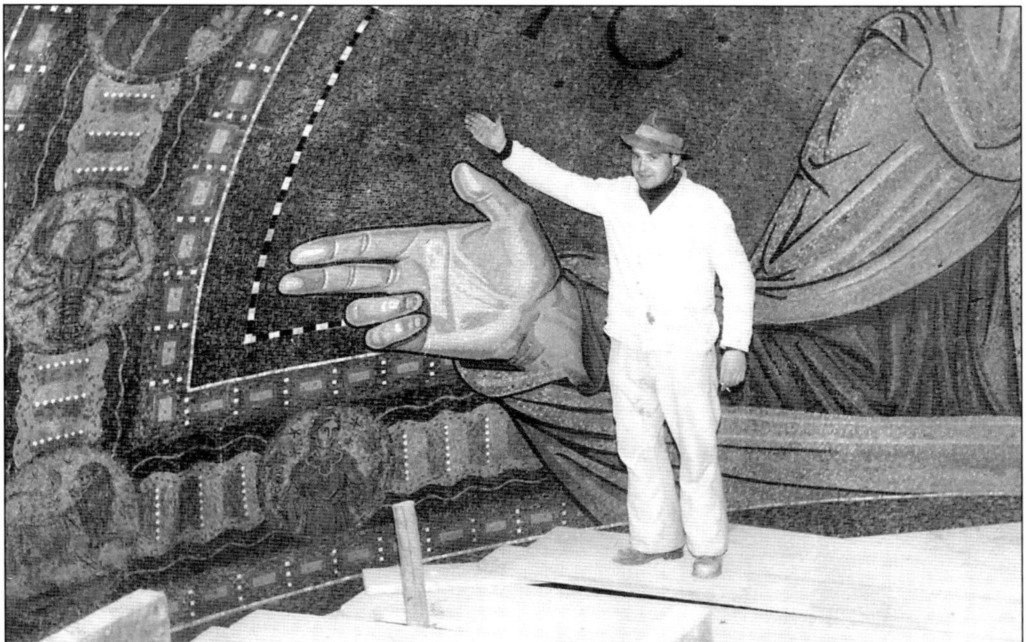

Diese Aufnahme zeigt deutlich, wie groß die Fläche des Apsismosaiks ist und welche Arbeit es gemacht hat, die unzähligen kleinen Mosaiksteinchen aneinander zu fügen

Ein Blick in die zum 800-jährigen Kirchweihfest frisch renovierte Kirche, aufgenommen im Jahre 1956.

Der Durchblick zum nördlichen Seitenschiff. Beide Postkarten auf dieser Seite stammen vom klostereigenen Verlag Ars liturgica, der unter Abt Ildefons Herwegen gegründet wurde.

Der Abtsthron steht unter dem Christusmosaik in der Apsis der Kirche.

Der Kreuzaltar wurde am Pfingstfest 1936 eingeweiht und ist das Werk unseres Bruders Radbod Commandeur. Schon 1893 erhielt das Kloster von einer Koblenzer Familie eine Kreuzreliquie aus dem alten Laach zurück. Dazu schenkte uns Abt Laurentius Zeller von St. Matthias in Trier einen Partikel von der großen Kreuzreliquie in der dortigen Staurothek.

Im geöffneten Altar sieht man die Kaiserin Helena und ihren Sohn Konstantin, die das Kreuz mit den Reliquien halten, flankiert von zwei Engeln mit Schriftrollen. Der Text lautet: „Hoc signum erit in coelo, quando Dominus ad judicandum venerit – dieses Zeichen wird am Himmel erscheinen, wenn der Herr zum Gericht kommt.“

Die Pietà in der Kerzenkapelle soll der erste Pächter des „Seehotels", Heinrich Dahmen, in Koblenz ersteigert haben.

Das Vesperbild ist eine Arbeit aus der zweiten Hälfte des 15. Jahrhunderts. In der Kerzenkapelle steht heute eine Replik, das Original wird in der Klausur aufbewahrt.

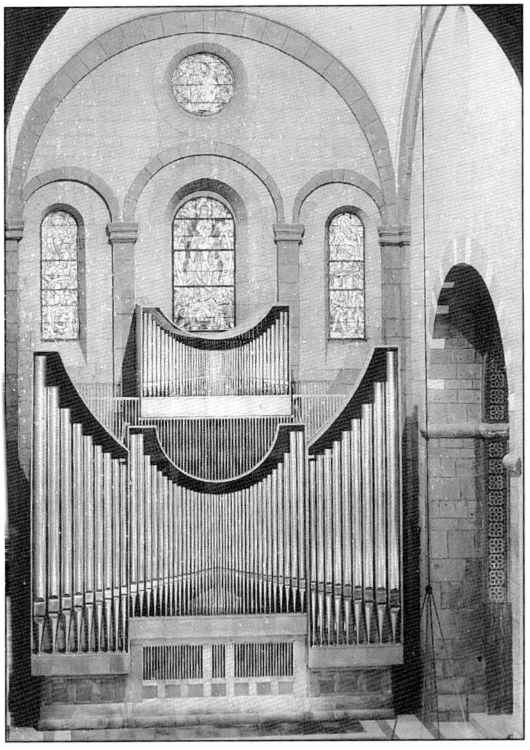

Im Jahre 1910 konnte für unsere Kirche eine Doppelorgel angeschafft werden, das wohl bedeutendste Instrument des Aachener Orgelbauers Stahlhut und eine der größten Orgeln ihrer Zeit im ganzen Rheinland. Die Hauptorgel auf der Westempore hatte 38 und die hier abgebildete kleinere Chororgel 28 Register.

Die Sakristei wurde in den Jahren 1910 bis 1913 von Bruder Notker Becker ausgemalt. Die Deckenfresken schuf Pater Paulus Krebs aus Beuron. Die Schränke und die Wandvertäfelung sind in der Laacher Schreinerei entstanden.

4

Kloster

„Da ist ferner das große Dormitorium mit seinen kleinen, sauberen Zellen, der herrliche Kreuzgang, der weite Kapitelsaal, das ausgedehnte Refektorium, die zweckmäßige Wärmestube und das Waschhaus, das Sprechzimmer, die Schreinerei und die anderen Werkstätten der Mönche. Wer vermöchte all diese Herrlichkeit nach rechter Gebühr zu beschreiben? Auch die Bibliothek, fast hätte ich sie vergessen, mit ihren vielen uralten Werken, wer sollte nicht seine Freude daran haben?“ (Prior Johannes Butzbach, Wanderbüchlein 1506)

Nachdem der Westflügel der Klosteranlage 1855 durch den Brand völlig zerstört worden war, baute der Kölner Dombaumeister Ernst Friedrich Zwirner (1802-1861), ein Freund der Familie Delius, den Ostflügel des Klosters in neugotischem Stil als neuen Wohnsitz um.

Der Ostflügel heute, nach Rückbau des verwitterten neogotischen Fassadenschmucks.

Johann Seiz, ein Schüler von Balthasar Neumann, ergänzte im Jahre 1775 die Klostergebäude um den Josefsflügel.

Und so präsentiert sich der Josefsflügel heute. Um Wohnraum für die wachsende Zahl der Mönche zu gewinnen, entwarf Pater Ludger Rincklake (1850-1927) das Mansardendach.

In der durch den Brand entstandenen Baulücke errichteten die Jesuiten 1869 den Bibliotheksbau (links) und senkrecht dazu den heutigen Pfortenbau als Wohntrakt für die Professoren und Studenten.

Der Pfortenbau mit dem Gastflügel nach der Renovierung 1930 durch den Architekten Martin Weber aus Frankfurt.

Pater Leo Huy bei Vermessungsarbeiten vor der heutigen Gärtnerei. Im Hintergrund ist die Torbrücke an der Johanneskapelle zu erkennen. Sie wurde Mitte des 20. Jahrhunderts niedergelegt, um dem neuen Linienbus die Zufahrt zur Klosterpforte zu ermöglichen.

1908 wurde der Kreuzgang in neuromanischen Stil erbaut bzw. umgebaut. „Das schönste Denkmal in unserem Haus setzte sich Pater Ludger Rincklake durch den Bau des herrlichen romanischen Kreuzganges, der uns allen so teuer ist und der jeden Besucher entzückt." (Totenchronik Pater Ludger Rincklake)

Die erhaltenen Reste des mittelalterlichen Kreuzgangs des Klosters wurden durch den Brand des Pfortenbaus 1855 endgültig zerstört. An der Wende vom 19. zum 20. Jahrhundert erbaute der Architekt Pater Ludger Rincklake den neuen neoromanischen Kreuzgang, der sich sehr einfühlsam in die historische Bausubstanz einfügt.

Der Nordflügel des Kreuzganges mit den eleganten Kleeblattfenstern.

Maurerarbeiten im Küchenhof. Da die Zahl der Mönche in den 1920er-Jahren ständig anstieg, mussten die Klostergebäude aufgestockt werden.

Als schattiger Meditationsweg führt die Lindenallee zur Johanneskapelle.

Die Johanneskapelle wurde 1864 auf den Fundamenten der ehemaligen Klosterpforte erbaut. Die Fenster entwarf Prof. Georg Meistermann. Sie wurden im Rahmen der Renovierung 1980 eingesetzt.

Während die Mönche früher rund um den Ostchor der Basilika beerdigt wurden, legte man nach der Wiederbesiedlung bei der St. Nikolauskapelle den neuen Mönchsfriedhof an.

Um 1230 wurde die Nikolauskapelle als Gottesdienstraum für das Hospiz erbaut. Von der romanischen Anlage ist nur noch der schöne Westturm erhalten. 1757 ließ Abt Heinrich Artz (1756-1766) das baufällige Kirchenschiff abreißen und durch das heutige ersetzen.

Die Nikolauskapelle zur Zeit der Jesuiten, die diese Kirche dem Schutz des hl. Josef unterstellten.

Die Nikolauskapelle heute. 1927 war die Renovierung im Stil der Beuroner Kunst abgeschlossen. Pater Laurentius Görz hatte den großen Nikolauszyklus für die Altarwand gemalt und die Glasfenster entworfen, den Altar und die Kommunionbank schuf Bruder Simeon Veit.

Ein Blick vom Turm der Nikolauskapelle auf das Laacher Münster.

Der Genovefabrunnen. Bruder Reinhold Teutenberg wählte die bekannte Legende, die in unserer Gegend spielt, als Motiv für sein Brunnenrelief auf dem Kirchplatz. Die verstoßene Pfalzgräfin weist in der Höhle ihren Sohn Siegfried auf das Kreuz hin und erzählt ihm von der Liebe des Erlösers, die treue Hirschkuh zu ihren Füßen.

Der Waldfriedhof für Angestellte und Verwandte der Mönche wurde 1920 außerhalb der Klausur angelegt. Im Zweiten Weltkrieg wurden hier auch die verstorbenen Soldaten des Lazaretts beerdigt.

Diese Aufnahme entstand während der Einweihung des Waldfriedhofes im Juni 1922.

Sowohl im Ersten wie im Zweiten Weltkrieg war im Kloster ein Lazarett untergebracht.

Auch Mönche wurden in beiden Kriegen zum Militärdienst eingezogen. Hier sieht man Abt Ildefons Herwegen mit den Kriegsteilnehmern am Ersten Weltkrieg aus dem Laacher Konvent.

„Der gute Hirt" von Bruder Tutilo Haas auf dem Vorplatz der Kirche ist das Kriegerdenkmal für die vermissten und gefallenen Mönche der Abtei. Das Foto entstand bei der feierlichen Glockenweihe 1949. Die Oblaten der Abtei hatten zum 25-jährigen Priesterjubiläum von Abt Basilius Ebel drei Glocken gestiftet, die in der Gießerei Schilling, Heidelberg, gegossen wurden.

Die Abtskapelle wurde 1899 von Bruder Gottfried Westhoff im Beuroner Stil ausgemalt.

Das Grabdenkmal des Abtes Simon von der Leyen (1591-1512). Er war der Sohn des Kurtrierer Amtmannes in Mayen, Georg von der Leyen. Seine Mutter Eva kam aus dem Rittergeschlecht der Mauchenheimer bei Zweibrücken. Wahrscheinlich deshalb wurde Simon zunächst Mönch im nahen Hornbach. Am 27. Mai 1491 wurde er zum Abt von Laach gewählt. Unter seiner Regierungszeit kam es zu einer Blüte des rheinischen Klosterhumanismus durch den Prior Johannes Butzbach und die Mönche Jakob Siberti und Benedikt von Münstereifel. Abt Simon starb unerwartet am 8. April 1512 im Alter von 42 Jahren. Eine Frau, die als Hexe verbrannt wurde, soll ihn vergiftet haben.

Die Muttergottesfigur im Gastflügel. „Das Standbild ist von Bruder Reinhold Teutenberg aus Tiroler Marmor gefertigt und zeigt in edler Haltung die Muttergottes, die dem Ankommenden das göttliche Kind entgegenhält." (Jahreschronik 1925)

Der Kapitelsaal wurde im Oktober 1898 eingeweiht. Er wurde nach den Plänen von Pater Mauritius Gisler aus Beuron im neuromanischen Stil gestaltet. Pater Ephraem König aus Beuron schmückte ihn 1923 mit Bildern aus dem Leben des hl. Benedikt aus.

Eines der Bilder im Kapitelsaal dokumentiert die Überlassung der Staatskirche durch Kaiser Wilhelm II. zum Osterfest 1893. Die Darstellung ist nicht historisch und nimmt in etwa den ersten Kaiserbesuch im Jahre 1897 voraus. Kaiser Wilhelm überreicht dem Erzabt Placidus Wolter von Beuron den Kirchenschlüssel, umrahmt von Bischof Felix Korum von Trier und Prior Willibrord Benzler.

Der Kapitelsaal heute. Er ist der offizielle Versammlungsraum der Mönchsgemeinde. Hier werden die Mönche eingekleidet, hier legen sie die ersten Gelübde ab und hier werden sie auch als Tote aufgebahrt.

Jedes Jahr am Katharinentag wird das Refektorium (Speisesaal) der Mönche zur Erinnerung an den Tag der Wiederbesiedlung am 25. November 1892 festlich geschmückt.

Die Grundsteinlegung des Akademieflügels fand am 15. August 1929 statt.

Über die Aula ist in der Jahreschronik 1932/33 zu lesen: „Ein weiter festlicher Raum tut sich vor uns auf, ohne jeden Prunk und ohne unwirklichen Schein und doch so feierlich erhaben in seiner Wirkung, ein Denkmal unserer Zeit.“

Die Chronik des Jahres 1913 berichtet vom fünften und letzten Besuch des Kaisers Wilhelm in Maria Laach am 17. Oktober: „Die eben fertig gestellte Kopie der Madonna von St. Maurus (Beuron) im Treppenhaus des Klosters sprach in ihrer klaren, durchsichtigen Linienführung und dem milden, frauengütigen Gesichtsausdruck die hohen Herrschaften überaus an.“ Der ausführende Künstler war Bruder Notker Becker.

Ein Blick in eine einfach eingerichtete Mönchszelle aus den 1930er-Jahren.

Die Bibliothek erbauten die Jesuiten anstelle der durch den Brand von 1855 zerstörten Hauptfassade des Klosters.

In den über hundert Jahren seit der Wiederbesiedlung haben sich mehr als 300.000 Bücher in der Bibliothek angesammelt, die intensiv genutzt werden.

5

Ora – Gebet

Aus der Regel des heiligen Benedikt:

„Beachten wir also, wie wir vor dem Angesicht Gottes und seiner Engel sein müssen, und stehen wir so beim Psalmensingen, dass Herz und Stimme in Einklang sind.“ 19, 6-7

„Wenn wir mächtigen Menschen etwas unterbreiten wollen, wagen wir es nur in Demut und Ehrfurcht. Um wie viel mehr müssen wir zum Herrn, dem Gott des Weltalls, mit aller Demut und lauterer Hingabe flehen.“ 20,1-2

„Dem Gottesdienst soll nichts vorgezogen werden.“ 43,3

Am Katharinentag, dem 25. November 1892, begann in Maria Laach wieder das Gotteslob, das bis heute nicht unterbrochen wurde. Das Gruppenbild aus dem Jahre 1894 zeigt die ersten Mönche, die aus der Erzabtei Beuron kamen. In der Mitte Abt Willibrod Benzler, Zweiter von links ist Pater Anselm Schott, der als Herausgeber des Schott-Messbuches bekannt wurde. Er starb bereits 1896 in Maria Laach und ist in der Gruft der Nikolauskirche beigesetzt.

Diese Fotos entstanden bei der Feier des Fronleichnamsfestes. Am Gottesdienst und an der Prozession nahm auch die Bevölkerung aus der Umgebung teil.

An Fronleichnam durften die Gläubigen auch die Klausur betreten und sehen, wie es hinter den Klostermauern aussieht.

Abt Basilius Ebel (1946-1964) entzündet das Osterfeuer.

Die Feier der Osternacht. Der Abt stimmt das österliche Alleluja an, das in den vierzig Tagen der Fastenzeit verstummt war.

Für die Priesterweihe ist der jeweilige Diözesanbischof zuständig. Am 27. Juli 1958 weihte der Trierer Weihbischof Bernhard Stein fünf Mönche zu Priestern. Zu den Zeremonien der Weihe gehört auch die Handauflegung durch den Abt und durch die anwesenden Priester.

Die Jubilare des Klosters mit Abt Urbanus Bomm (1964-1977). Zum 50. Professjubiläum erhält jeder Jubilar den so genannten Altersstab, den er dann bei feierlichen Anlässen benützen darf.

Feierlicher Einzug zum Gottesdienst.

Fünfmal am Tag versammeln sich die Mönche zum Gotteslob in der Kirche.

Pater Maurus Sabel untermalt die Gesänge der Mönche zum Lob Gottes an der Orgel.

Das Hausorchester unter Leitung von Abt Urbanus Bomm trat am 1. Januar 1964 mit dem Doppelkonzert d-moll von Johann Sebastian Bach auf.

Friedhofgang am Allerseelentag 1970. Die Mönche besuchen die Gräber der verstorbenen Mitbrüder, um für sie zu beten.

Eine stimmungsvolle Momentaufnahme. Das Mosaik über der Tür zur Kirche stellt ein Abbild des himmlischen Jerusalems dar.

6

Labora – Arbeit

Aus der Regel des heiligen Benedikt:

„Das Kloster soll, wenn möglich, so angelegt werden, dass sich alles Notwendige, nämlich Wasser, Mühle und Garten, innerhalb des Klosters befindet und die verschiedenen Arten des Handwerks dort ausgeübt werden können." 66,6

„Müßiggang ist der Seele Feind. Deshalb sollen die Brüder zu bestimmten Zeiten mit Handarbeit, zu bestimmten Zeiten mit heiliger Lesung beschäftigt sein." 48,1

„Sie sind dann wirklich Mönche, wenn sie wie unsere Väter und die Apostel von ihrer Hände Arbeit leben." 48,8

„Alle Geräte und den ganzen Besitz des Klosters betrachte der Mönch wie heiliges Altargerät." 32,10

Bruder Ulrich beim Pflügen. Damals, in den 1930er-Jahren, umfasste das Ackerland der Abtei 110 Hektar. Dazu kamen 65 Hektar Wiesen und Weiden, sechs Hektar Obstanlagen und acht Hektar Gartenland, 43 Hektar Wald und 15 Hektar Ödland bzw. Schafweide.

In der Erntezeit werden besonders viele Hände gebraucht.

Auch die Studenten durften mithelfen. Der hl. Benedikt gibt im Kapitel über das Maß der Speise in seiner Regel den weisen Rat: „War die Arbeit einmal härter, liegt es im Ermessen und in der Zuständigkeit des Abtes, etwas mehr zu geben, wenn es gut tut.“ Und so freute man sich schon auf die gemeinsame Brotzeit.

Für die Lehrlinge in der Landwirtschaft war es stets eine besondere Freude, den Erntewagen zu schmücken.

Der preisgekrönte Bulle war der ganze Stolz des Bruders Makarius. Damals hielt man schwarzbuntes Weser-Marsch-Vieh, später entschied man sich für Rotbunt.

Die Schafherde des Klosters zählte bis zu 180 Tiere, die im ganzen Seetal weideten.

Bei der Obsternte. Die in Maria Laach erzeugten Produkte dienen nicht nur zur Selbstversorgung der Mönche und ihrer Mitarbeiter, ihr Verkauf finanziert einen Teil des Lebensunterhaltes.

Ein Teil der Obsternte kam in die Kelterei und wurde zu dem begehrten Laacher Apfelwein.

Der erste Laden in Maria Laach befand sich in der Klausurmauer. Über diese Ladentheke wurden Klosterprodukte erstmals an die das Kloster besuchenden Touristen verkauft. Seit dem frühen 20. Jahrhundert haben Angebot und Präsentation der Produkte wesentliche Fortschritte gemacht und ziehen Käufer aus nah und fern an.

Der neue Motorpflug wurde im Jahre 1925 angeschafft.

Der neue Kartoffeldämpfer hatte das Baujahr 1934.

Die Ökonomiepforte zur Zeit der Jesuiten. Die Heilige in der Nische über der Toreinfahrt ist die heilige Agatha, die neben dem heiligen Florian als Schutzpatronin gegen Feuergefahr angerufen wird.

1923 wurde die alte Ökonomiepforte abgerissen und nach den Plänen von Martin Weber der Neubau erstellt.

Gleichzeitig mit dem Neubau der Ökonomiepforte sollten auch Wohnräume für die Mitarbeiter in der Landwirtschaft geschaffen werden.

So präsentiert sich die Ökonomiepforte noch heute.

Durch diese Pforte gelangt man, wie ihr Name schon sagt, in die Ökonomie, den landwirtschaftlichen Bereich des Klosters.

Ein Blick in den Ökonomiehof. Die Mönche scheinen kaum Notiz vom Fotografen zu nehmen.

Ein weiterer Blick in den Ökonomiehof, in dem rege Betriebsamkeit herrscht. Neben den Mönchen arbeiten hier auch viele Angestellte in den verschiedenen Bereichen der Landwirtschaft.

Nach verschiedenen Versuchen entschied man sich auf dem Hühnerhof für die Aufzucht des weißen amerikanischen Leghorns. Die Hühner hatten soviel Auslauf als möglich und versorgten das Kloster mit frischen Eiern und schmackhaftem Geflügelfleisch.

Diese Aufnahme entstand im Steinbruch. Seit 1894 wurde im alten Steinbruch auf der Ostseite des Sees wieder das Baumaterial gebrochen.

Bruder Valerian, der Zimmermann des Klosters, sägt die Balken für den neuen Dachstuhl der Kirche.

An Arbeit fehlte es in der Schreinerei nie. Dafür sorgten schon die vielen Aufträge und Wünsche von Seiten des Klosters und des Hotels.

Bruder Konrad präsentiert sich mit seinen Mitarbeitern und Lehrlingen dem Fotografen.

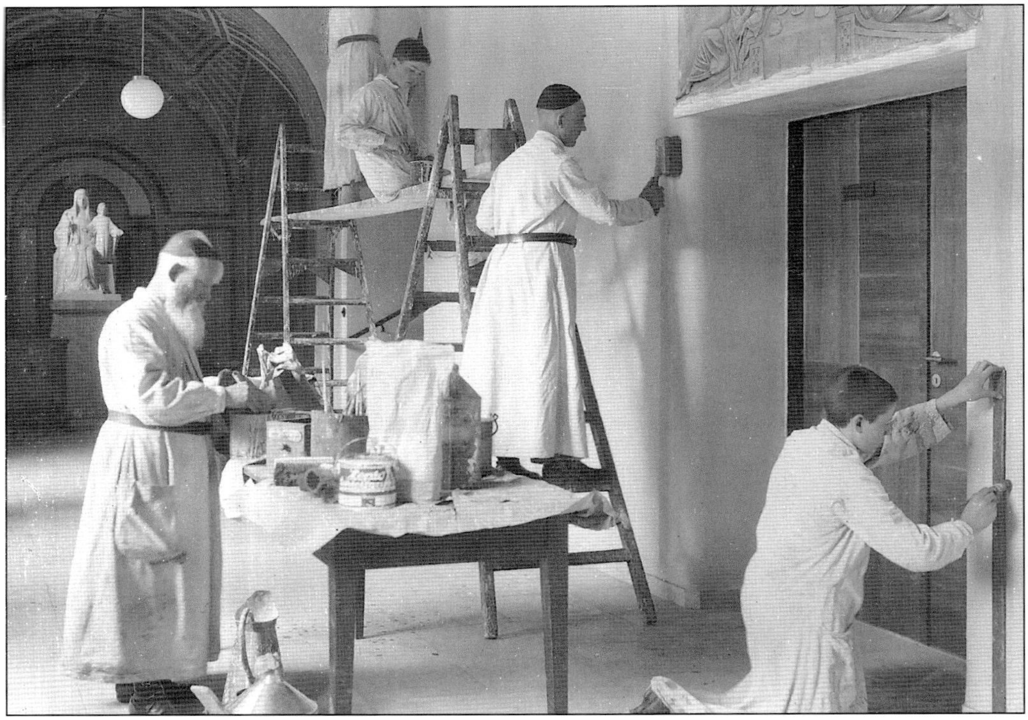

Die Maler bei der Arbeit. In dem großen Haus ging die Arbeit für sie nie aus.

In der Schlosserei trieb der durch einen Dieselmotor betriebene Generator über Transmissionen die einzelnen Maschinen an.

Bruder Sebastian mit seinem Meisterstück, aufgenommen 1938.

In der Elektrowerkstatt. In der Mitte arbeitet Bruder Pankraz, der Meister dieser Werkstatt.

Bei der Küchenarbeit. Über 200 Personen, die Mönche, die Angestellten, die Lehrlinge und die vielen Gäste, mussten täglich versorgt werden.

Der Klosterbäcker Bruder Ludwig. Das Brot wurde aus von den Klosterfeldern geerntetem Weizen und Roggen gebacken.

Die Metzgerei. Ein Teil der Tiere wurde in der hauseigenen Metzgerei geschlachtet und verarbeitet.

In der Waschküche fällt angesichts der Vielzahl von Mönchen im Kloster stets viel Wäsche an.

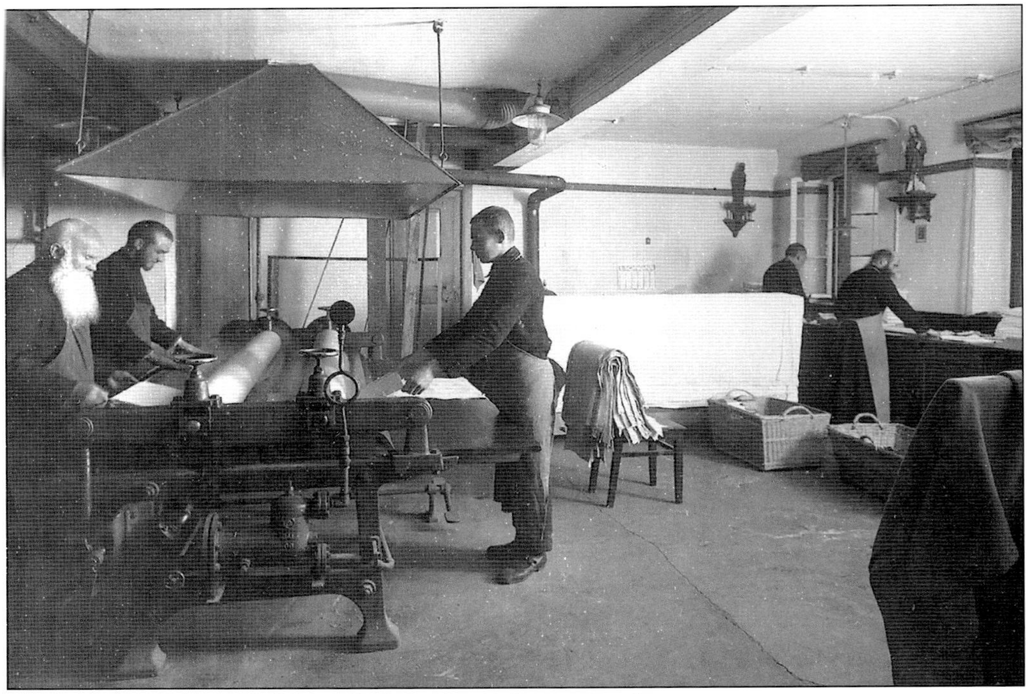

Nach dem Waschen werden große Wäschestücke gemangelt.

Die Schneiderei fertigte vor allem die Kleidung der Mönche an. Das Mönchsgewand leitet sich von der römischen Hauskleidung ab: die Tunika als Untergewand mit dem Gürtel, dem Zingulum, dazu das Skapulier als Arbeitsschürze und die Toga, die heute durch die Kukulle, das Chorgewand, ersetzt ist.

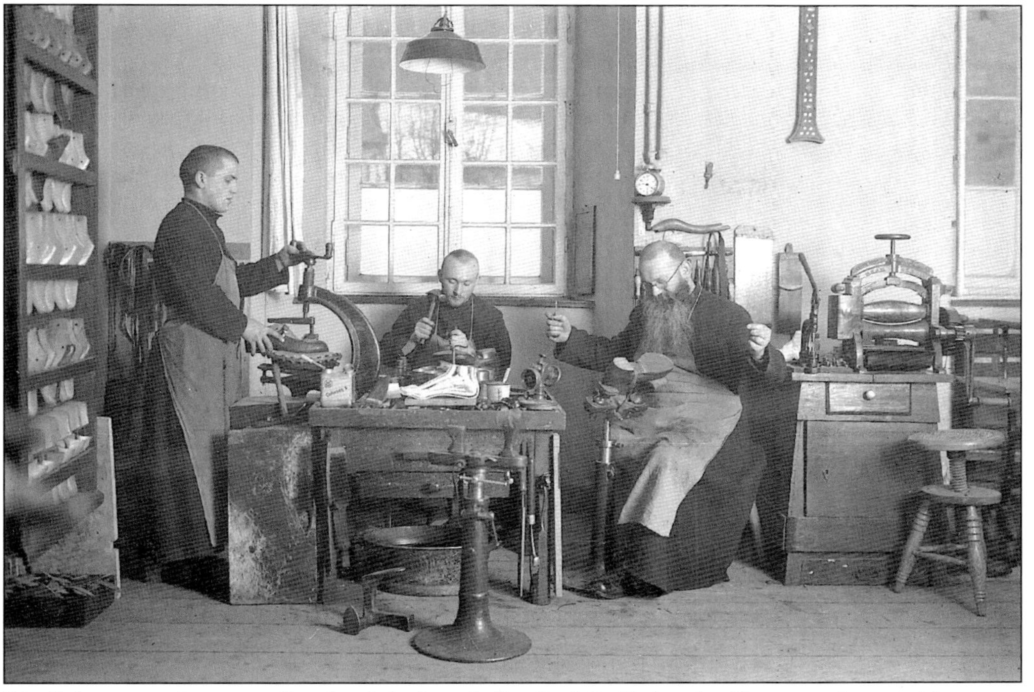

Die Schusterwerkstatt stellte das Schuhwerk für die Mitglieder des Konvents her und besorgte auch die notwendigen Reparaturen.

In der Buchbinderei werden alte Bücher restauriert bzw. neu gebunden. Gerade die Bücher, die täglich von den Mönchen genutzt werden, müssen häufig überholt werden.

Die Kutsche des Abtes, die er zu offiziellen Anlässen benutzte.

Die Klostertankstelle 1927. Stolz präsentieren Mitarbeiter der Wirtschaftsbetriebe die Neuanschaffung eines Lkw. Damit trat das Kloster in das Automobilzeitalter ein.

Die Fischer bei der Arbeit. Der Laacher See ist sehr fischreich. Hier gibt es die bekannten „Laacher Silberfelchen“, die im zum Kloster gehörenden „Seehotel“ als kostbare Delikatesse angeboten werden. Daneben gibt es im See Hechte, Barsche, Karpfen, Weißfische und Aale.

Der Fischereimeister Bruder Pachomius zeigt stolz den kapitalen Hecht, den er gefangen hat.

Zur Kühlung des Bieres musste vor Erfindung der Kühlmaschine durch Carl von Linde im Winter Eis auf den Weihern am Laachgraben und am See gebrochen werden.

Die Gärtnerei produzierte bis Ende der 1950er-Jahre Blumen und Gemüse vorwiegend für den Eigenbedarf. Heute ist das Garten- und Blumencenter dank seines umfangreichen Angebotes in der ganzen Region bekannt und beliebt.

Bruder Hilarius mit seinen Helfern. Die Blumen werden in Gewächshäusern und auf den Freilandflächen gezogen.

Der erste Klosterfotograf Bruder Gottfried Anfang der 1920er-Jahre.

Bruder Reinhold, unser Bildhauer, in seinem Atelier. Neben den großen Aufträgen wurden hier die Entwürfe für die Gipsgießerei angefertigt. Kleine polierte Gipsfiguren des Gekreuzigten oder der Gottesmutter Maria im Stil der Beuroner Kunst belebten das Geschäft.

Bruder Notker Becker (1883-1978) war ein vielseitiger Künstler in Maria Laach.

Das wohl bekannteste und tausendfach als Postkarte verkaufte Bild von Bruder Notker ist die so genannte Täubchenmadonna. Das Gemälde im Format 151 x 91 Zentimeter befindet sich im Bischofszimmer der Abtei.

Auch als Goldschmied hat Bruder Notker Bedeutendes geschaffen. Hier übergibt er dem Vertreter der Universität Mainz die Rektoratskette aus seiner Werkstatt.

Die Buchhandlung des Klosters wurde 1913 gebaut.

Die alte Mühle am Laachgraben.

Am 15. April 1935 wurde der Grundstein zur Erweiterung der Klostermühle gelegt.

Die neue Mühle. Für die Fassade schuf Bruder Tutilo Haas die Figuren der Muttergottes und der heiligen Katharina mit dem Rad, der Patronin der Müller.

Die zum Klostergut gehörenden Tiere werden artgerecht aufgezogen. Im Sommer weiden die Rinder selbstverständlich auf den Wiesen rund um das Kloster.

7

Gäste

Aus der Regel des heiligen Benedikt:

„Alle Fremden, die kommen, sollen aufgenommen werden wie Christus; denn er wird sagen: ‚Ich war fremd und ihr habt mich aufgenommen.‘ Allen erweise man die angemessene Ehre, besonders den Brüdern im Glauben und den Pilgern.“ 53, 1-2

„Gäste werden dem Kloster nie fehlen.“ 53,16

Am 19. Juni 1897 besuchte Kaiser Wilhelm II. mit seiner Gemahlin Kaiserin Auguste Viktoria die Abtei.

„Die Zufahrt zum Kloster war wie eine Triumphstraße geschmückt. Rechts und links standen Fichtenbäumchen, und immer wieder war der benediktinische Gruß zu lesen: Pax. Das Brückentor an der Gärtnerei war wie als Triumphbogen gestaltet. Leider spielte das Wetter nicht mit und es regnete an diesem Tag fast ununterbrochen.“ (Jahreschronik 1897)

Die nächsten beiden Besuche des Kaisers in Maria Laach hatten ihren Grund in der Stiftung des großen Christusmosaiks für unsere Kirche. Am 17. Oktober 1906 besichtigte er die von P. Andreas Göser aus Beuron gemalten Vorlagen. Erstmals kam er jetzt nicht mit der Bahn und einer Kutsche an, sondern in einem Auto. In der Ausgabe der „Kölnischen Volkszeitung“ vom 18. Oktober 1906 wird dieser Wagen beschrieben: „Viele Leser wird es interessieren, dass der Kaiser einen offenen 80 PS neuen italienischen Fiat-Wagen fährt, ein elegantes, ganz in weiß gehaltenes Gefährt, an dem links die kleine, rote Kaiserstandarte flattert. Die Begleitung benutzte teils offene, teils geschlossene Mercedes-, Adler-, und Benzwagen.“

Bei seinem vierten Besuch am 18. Oktober 1911 konnte der Kaiser dann das vollendete Christusmosaik bewundern.

Das letzte Mal besuchte Kaiser Wilhelm Maria Laach am 17. Oktober 1913. „Prächtiges Herbstwetter war dem 5. Kaiserbesuch beschieden. Unter dem harmonischen Geläute der Glocken fuhr der Kaiser mit Gefolge gegen 14.30 Uhr in den Klosterhof ein", so die „Kölnische Volkszeitung" am 18. Oktober 1913.

Sehr gerne weilte der erste Bundespräsident Deutschlands, Prof. Dr. Theodor Heuss, in Maria Laach. Ausdruck seiner Verbundenheit ist das linke Fenster im Westchor, das er gestiftet hat und das seinen Namen trägt.

Konrad Adenauer lebte nach seiner Absetzung als Oberbürgermeister von Köln zwischen April 1933 und Mai 1934 in Maria Laach. Auch später besuchte er mit seiner Familie die Abtei immer wieder.

Ausdruck seiner Dankbarkeit ist das mittlere Kirchenfenster im Westchor, das Adenauer zum 800. Kirchweihjubiläum 1956 stiftete.

Das dritte, rechte Fenster im Westchor stiftete der erste Ministerpräsident von Rheinland-Pfalz, Peter Altmeier, der hier zusammen mit dem Trierer Bischof Matthias Wehr an der Feier zum 800. Jubiläum unserer Kirchweihe im Jahre 1956 teilnimmt.

Bundeskanzler Dr. Helmut Kohl war zusammen mit dem Trierer Bischof Hermann Josef Spital Ehrengast bei der Feier des 900. Gründungsjubiläums unserer Abtei im Jahre 1993. Im Hintergrund steht der Gastgeber, der damalige Abt Anno Schoenen.

Am 22. August 1952 besuchte uns der Substitut beim Staatssekretariat, Giovanni Battista Montini, der spätere Papst Paul VI., zusammen mit dem Päpstlichen Nuntius in Deutschland, Erzbischof Aloys Muench.

Anlässlich des Eucharistischen Kongresses 1960 in München besuchte der Patriarch Maximos IV. von Antiochien die Abtei.

Otto von Habsburg, der Sohn des letzten österreichischen Kaiserpaares Karl I. und Zita von Bourbon-Parma, war im Juni 1964 unser Gast.

Mönche der Ostkirche im Jahre 1936 zu Besuch in Maria Laach. Hier sieht man Hierodiakon Benedict Ghins aus Rumänien, Archimandrit Filaret Atamasoff aus Sofia/Bulgarien, Abt Ildefons Herwegen, Archimandrit Theodosius Bonteanu aus Baden-Baden und Abbé Alphonsé Heitz aus dem elsässischen Haggenau.

Besuch des buddhistischen Fürstabtes Phra Bimaladharma, der vom Dekan der buddhistischen Fakultät der Universität Bangkok begleitet wurde.

1865 erbauten die Jesuiten „im Eichenkamp" das „Hotel Maria Laach" und verpachteten es an Heinrich Dahmen. Bereits drei Jahre später – 1868 – musste es das erste Mal erweitert werden.

Die Gedenktafel am Hotel erinnert an den Besuch Johann Wolfgang von Goethes im Jahre 1815 in Laach. Der Dichter reiste zusammen mit dem Freiherrn vom Stein an.

Im Jahre 1889 übernahm Johann Reuther, Bahnhofrestaurateur zu Niedermendig, als Pächter das Hotel. Seit 1955 führen die Benediktiner das Hotel in eigener Regie.

1920 wurde der neue Eingangstrakt errichtet. Als Baumaterial verwendete man den für Maria Laach typischen, rötlich gefärbten Laacher Tuff von der östlichen Seekesselseite. Im gleichen Jahr wurde auch ein großer Eiskeller angelegt.

Das Hotel nach vollendetem Umbau.

Die Innenräume des Hotels waren im Stil der damaligen Zeit gehalten. Heute verfügt das Hotel über 69 Gästezimmer.

Das Hotelpersonal stellte sich 1936 gerne dem Fotografen.

Der Hotelpächter Herr Reuther verabschiedet hier gerade Gäste, die das schöne Seetal wieder verlassen müssen.

Impressionen der schönen Landschaft, in die die Abtei Maria Laach eingebettet ist.

DEMMIN
DETMOLD. 1930–1970
A. RUPPERT UND M. SCHAFMEISTER
DENZLINGEN
DEMMIN
DENKENDORF
DENKENDORF
DETMOLD. 1930–1970
A. RUPPERT UND M. SCHAFMEISTER
DEMMIN
DESSAU. 1860 BIS 1990
DESSAU
DIEPHOLZ
SUTTON VERLAG
ALAN SUTTON